Impressum
Verlag: BABADADA GmbH, Nedderfeld 112 , 22529 Hamburg
Geschäftsführer / Verlagsleitung: Harald Hof
Druck: Books on Demand GmbH, In de Tarpen 42, 22848 Norderstedt

Imprint
Publisher: BABADADA GmbH, Nedderfeld 112 , 22529 Hamburg, Germany
Managing Director / Publishing direction: Harald Hof
Print: Books on Demand GmbH, In de Tarpen 42, 22848 Norderstedt

sekolah
école

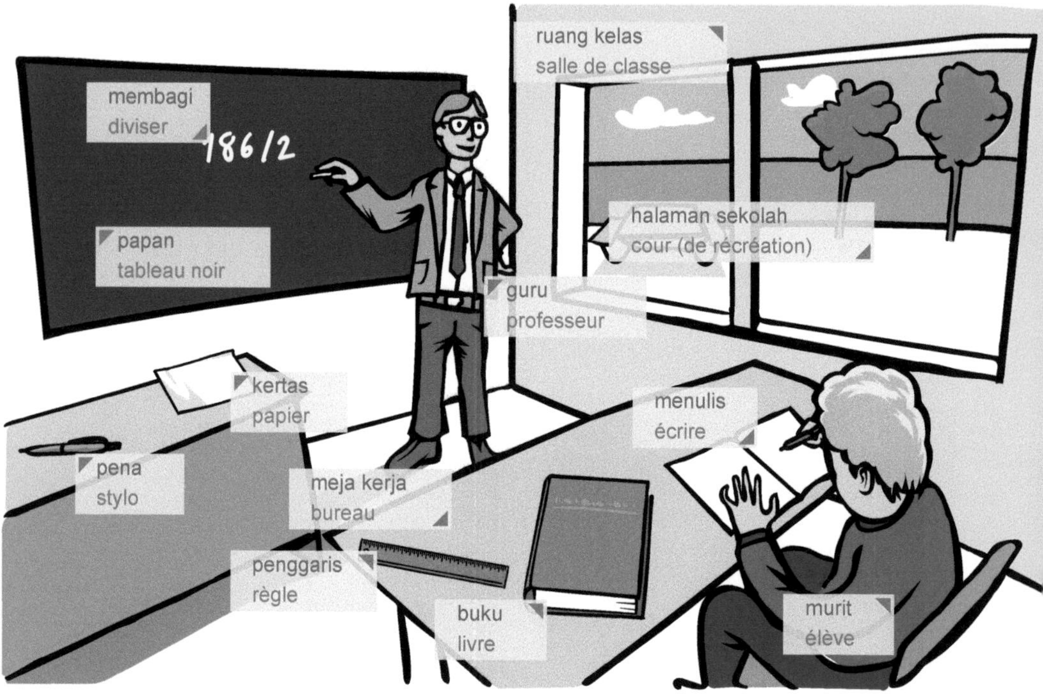

186/2
ruang kelas
salle de classe
membagi
diviser
papan
tableau noir
halaman sekolah
cour (de récréation)
guru
professeur
kertas
papier
menulis
écrire
pena
stylo
meja kerja
bureau
penggaris
règle
buku
livre
murit
élève

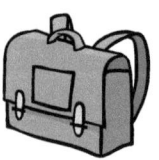

tas sekolah

cartable

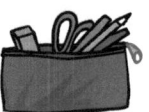

tempat pensil

trousse

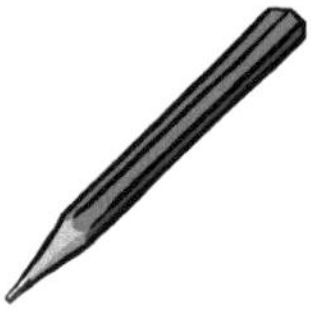

pensil

crayon

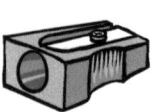

pengasah pensil

taille-crayon

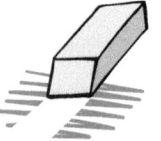

penghapus

gomme

kertas gambar

carnet à dessin

gambar

dessin

kuas

pinceau

kotak cat

boîte de peinture

gunting

ciseaux

lem

colle

buku latihan

cahier d'exercices

pekerjaan rumah

devoirs

angka

chiffre

2+2

tambhakan

additionner

5-2

mengurangi

soustraire

mengalikan

multiplier

menghitung

calculer

A

huruf

lettre

alfabet

alphabet

kata

mot

teks

texte

membaca

lire

kapur

craie

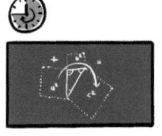

pelajaran

leçon

daftar

livre de classe

ujian

examen

sertifikat

certificat

seragam sekolah

uniforme scolaire

pendidikan

formation

ensiklopedi

lexique

universitas

université

mikroskop

microscope

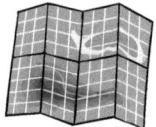

peta

carte

tempat sampah

corbeille à papier

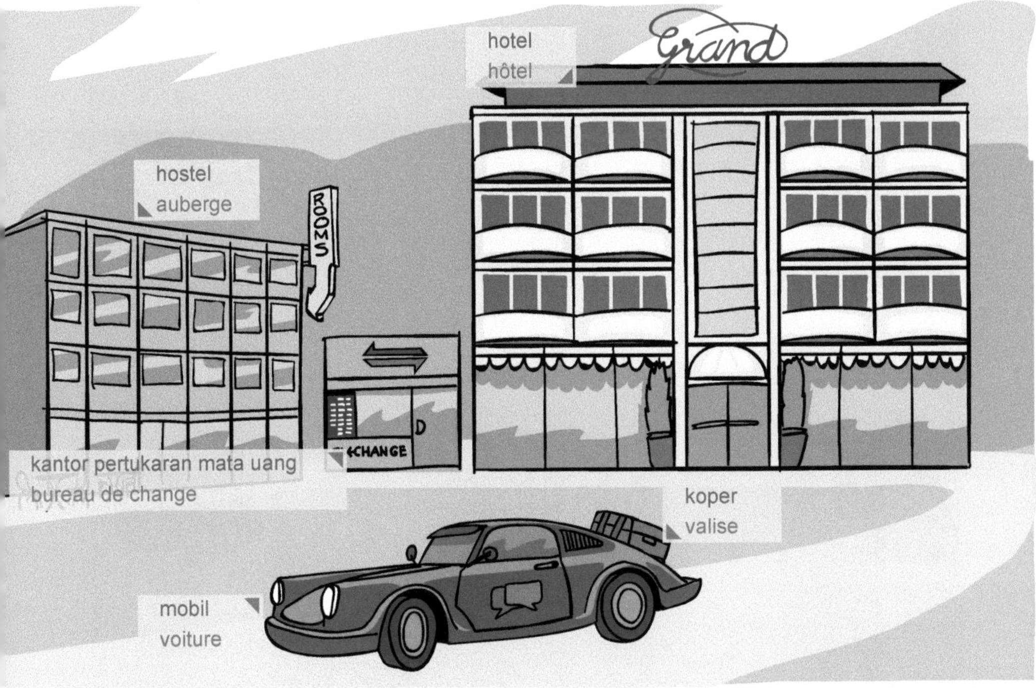

hotel
hôtel
Grand
hostel
auberge
ROOMS
kantor pertukaran mata uang
bureau de change
CHANGE
koper
valise
mobil
voiture

bahasa

langue

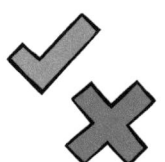

ya / tidak

oui / non

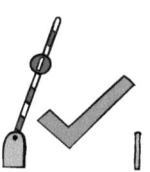

okay

d'accord

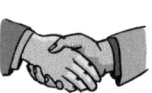

hallo

Salut

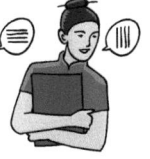

penerjemah

interprète

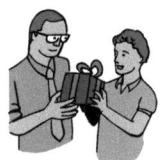

terima kasih

merci

Berapa harganya...?

Combien coûte...?

saya tidak mengerti

Je ne comprends pas

masalah

problème

Selamat malam!

Bonsoir !

Selamat siang!

Bonjour !

Selamat tidur!

Bonne nuit !

sampai jumpa

Au revoir

arah

direction

bagasi

bagages

tas

sac

ransel

sac-à-dos

tamu

hôte

ruang

pièce

kantong tidur

sac de couchage

tenda

tente

perjalanan - voyage

informasi wisata

office de tourisme

pantai

plage

kartu kredit

carte de crédit

sarapan

petit-déjeuner

makan siang

déjeuner

makan malam

dîner

tiket

billet

elevator

ascenseur

perangko

timbre

perbatasan

frontière

cukai

douane

kedutaan

ambassade

visa

visa

paspor

passeport

transportasi
transport

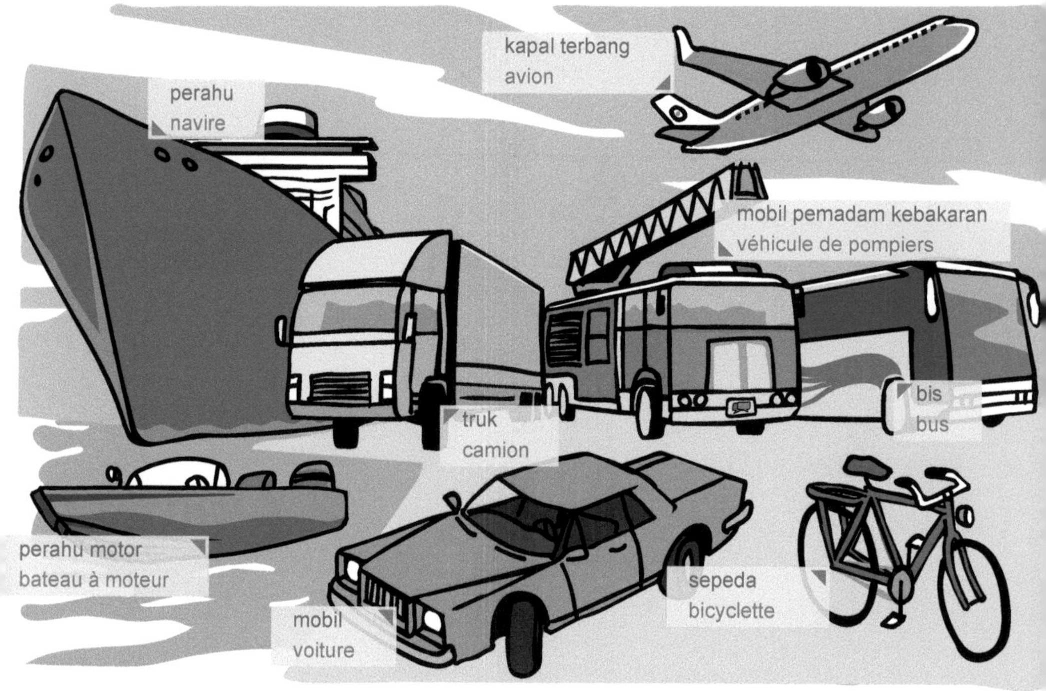

kapal terbang
avion
perahu
navire
mobil pemadam kebakaran
véhicule de pompiers
truk
camion
bis
bus
perahu motor
bateau à moteur
sepeda
bicyclette
mobil
voiture

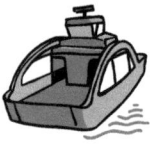

feri

ferry

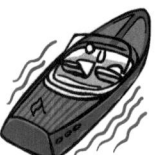

perahu

barque

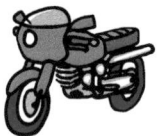

sepeda motor

moto

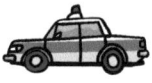

mobil polisi

voiture de police

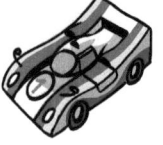

mobil balapan

voiture de course

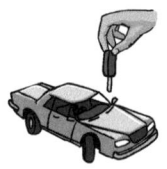

mobil sewa

voiture de location

berbagi mobil

auto-partage

truk derek

voiture de remorquage

truk sampah

benne à ordures

motor

moteur

bahan bakar

essence

bensin

station d'essence

tanda lalulintas

panneau indicateur

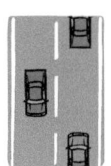

lalulintas

trafic

macet

embouteillage

parkir mobil

parking

stasiun kereta

gare

trek

rails

kereta api

train

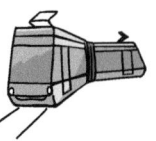

tram

tramway

gerobak

wagon

helikopter

hélicoptère

bendara

aéroport

menara

tour

penumpang

passager

container

conteneur

karton

carton

troli

chariot

keranjang

corbeille

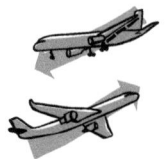

berangkat / mendarat

décoller / atterrir

kota

ville

desa

village

pusat kota

centre-ville

rumah

maison

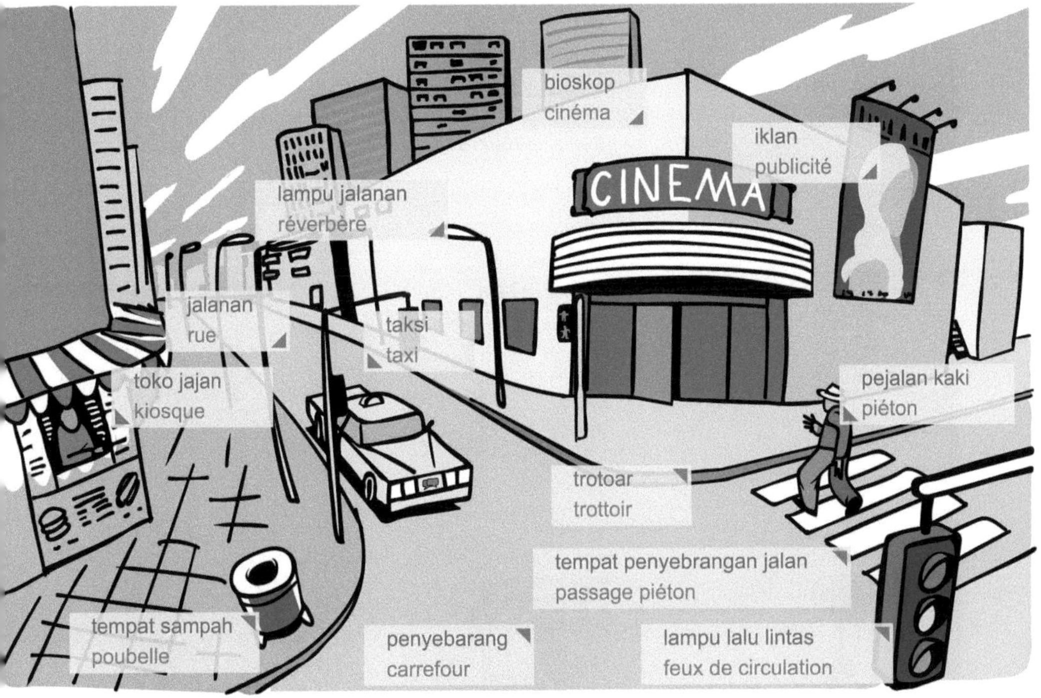

bioskop
cinéma

iklan
publicité

lampu jalanan
réverbère

jalanan
rue

taksi
taxi

pejalan kaki
piéton

toko jajan
kiosque

trotoar
trottoir

tempat penyebrangan jalan
passage piéton

tempat sampah
poubelle

penyebarang
carrefour

lampu lalu lintas
feux de circulation

CINEMA

gubuk

cabane

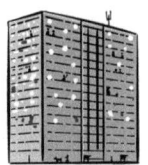

rumah flat

appartement

stasiun kereta

gare

balai kota

mairie

museum

musée

sekolah

école

universitas

université

bank

banque

rumah sakit

hôpital

hotel

hôtel

farmasi

pharmacie

kantor

bureau

toko buku

librairie

toko

magasin

toko bunga

fleuriste

supermarket

supermarché

pasar

marché

toko serba ada

grand magasin

nelayan

poissonnerie

pusat belanja

centre commercial

pelabuhan

port

taman

parc

banku

banque

jembatan

pont

tangga

escaliers

kereta bawah tanah

métro

terowongan

tunnel

pemberhantian bis

arrêt de bus

bar

bar

restauran

restaurant

kotak surat

boîte à lettres

tanda jalan

panneau indicateur

meteran parkir

parcmètre

kebun binatang

zoo

kolam renang

piscine

mesjid

mosquée

pertanian
ferme

polusi
pollution

kuburan
cimetière

gereja
église

tempat bermain
aire de jeux

pura
temple

pemandangan
paysage

daun
feuille

penunjuk arah
panneau indicateur

jalanan
chemin

padang rumput
pré

batu
pierre

pejalak kaki
randonneur

pohon
arbre

sungai
rivière

rumput
herbe

bunga
fleur

lembah

vallée

bukit

montagne

danau

lac

hutan

forêt

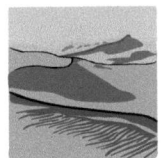

padang gurun

désert

gunung berapi

volcan

istana

château

pelangi

arc-en-ciel

jamur

champignon

pohon palem

palmier

nyamuk

moustique

lalat

mouche

semut

fourmis

lebah

abeille

laba-laba

araignée

kumbang

coléoptère

kodok

grenouille

tupai

écureuil

landak

hérisson

kelinci

lièvre

burung hantu

chouette

burung

oiseau

angsa

cygne

babi jantan

sanglier

rusa

cerf

rusa

élan

bendungan

barrage

turbin angin

éolienne

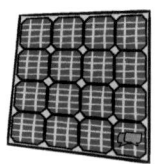

panel surya

panneau solaire

iklim

climat

restauran
restaurant

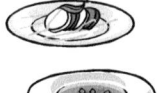

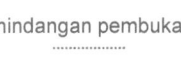

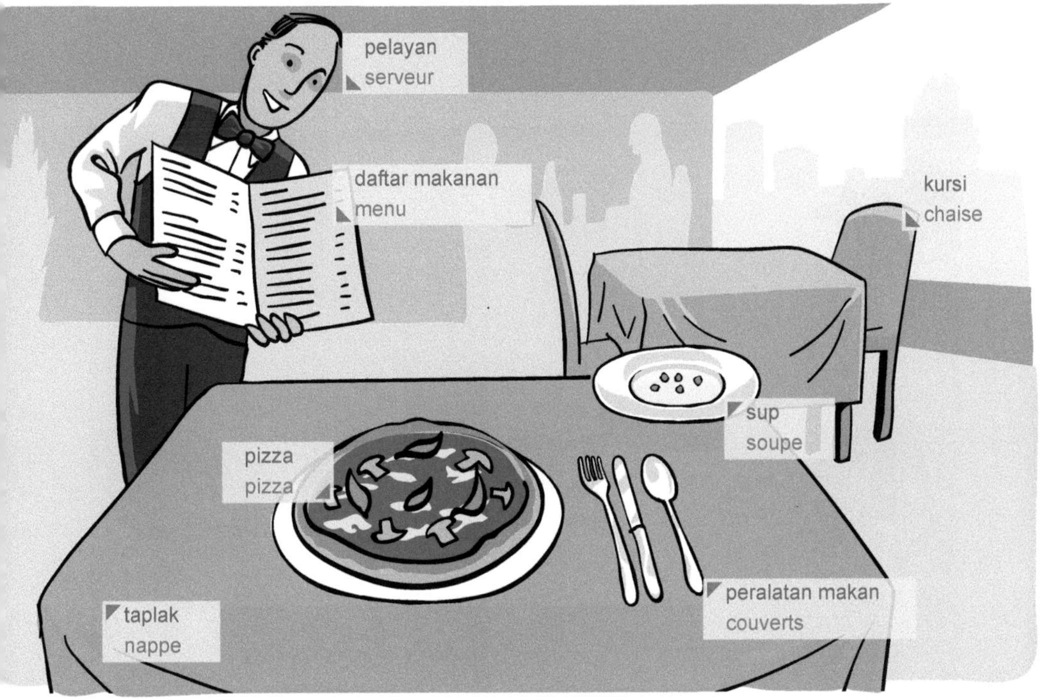
pelayan
serveur
daftar makanan
menu
kursi
chaise
sup
soupe
pizza
pizza
peralatan makan
couverts
taplak
nappe

hindangan pembuka

hors d'œuvre

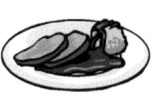

hidangan utama

plat principal

hidangan penutup

dessert

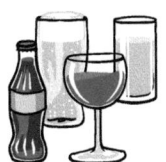

minuman

boissons

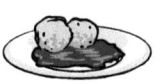

makanan

alimentation

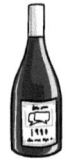

botol

bouteille

fastfood

fast-food

masakan jalanan

plats à emporter

teko teh

théière

kaleng gula

sucrier

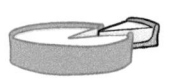

porsi

portion

mesin espresso

machine à expresso

kursi tinggi

chaise haute

tagihan

facture

baki

plateau

pisau

couteau

garpu

fourchette

sendok

cuillère

sendok teh

cuillère à thé

serbet

serviette

gelas

verre

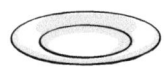

piring

assiette

piring sup

assiette à soupe

lepek

soucoupe

saus

sauce

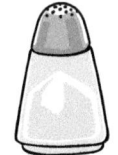

tempat garam

salière

gilingan merica

moulin à poivre

cuka

vinaigre

minyak

huile

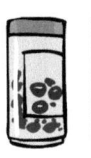

bumbu

épices

saus tomat

ketchup

mustar

moutarde

mayones

mayonnaise

supermarket
supermarché

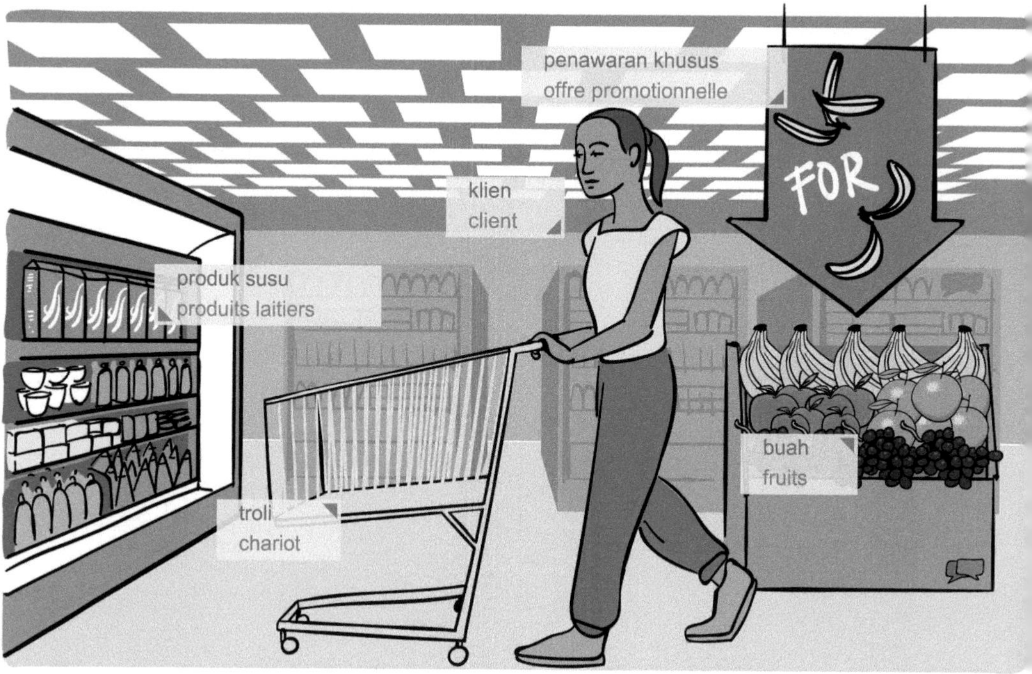

penawaran khusus
offre promotionnelle
FOR
klien
client
produk susu
produits laitiers
buah
fruits
troli
chariot

BUTCHERS

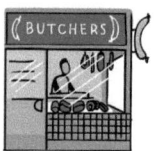

pembantai

boucherie

BAKERY

toko roti

boulangerie

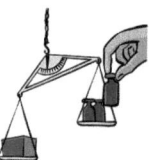

menimbang

peser

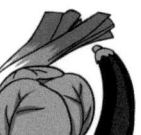

sayur

légumes

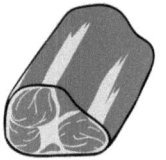

daging

viande

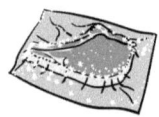

makanan beku

aliments surgelés

pemotongan dingin

charcuterie

makanan kaleng

conserves

sabun serbuk

poudre à lessive

permen

bonbons

alat-alat rumah tangga

articles ménagers

obat pembersihan

détergents

penjual

vendeuse

kasa

caisse

kasir

caissier

daftar belanja

liste d'achats

jam buka

heures d'ouverture

dompet

portefeuille

kartu kredit

carte de crédit

tas

sac

kantong plastik

sac en plastique

air
eau

jus
jus de fruit

susu
lait

cola
coca

anggur
vin

bir
bière

alkohol
alcool

coklat
chocolat chaud

teh
thé

kopi
café

espresso
expresso

cappucino
cappuccino

pisang

banane

apel

pomme

jeruk

orange

semangka

melon

jeruk lemon

citron

wortel

carotte

bawang putih

ail

bambu

bambou

bawang bombai

oignon

jamur

champignon

kacang

noisettes

mi

pâtes

spagetti

spaghetti

nasi

riz

salat

salade

kentang goreng

pommes frites

kentang goreng

pommes de terre rôties

pizza

pizza

hamburger

hamburger

sandwich

sandwich

sayatan

escalope

ham

jambon

salami

salami

sosis

saucisse

ayam

poulet

menggoreng

rôti

ikan

poisson

bubur gandum

flocons d'avoine

sereal

muesli

cornflakes

cornflakes

tepung

farine

croissant

croissant

roti

petits-pains

roti

pain

toast

pain grillé

biskuit

biscuits

mentega

beurre

dadih

le fromage blanc

kue

gâteau

telur

œuf

telur goreng

œuf au plat

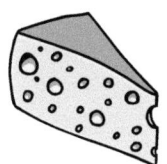

keju

fromage

eskrim

glace

gula

sucre

madu

miel

selai

confiture

krim nugat

crème nougat

kare

curry

pertanian
ferme

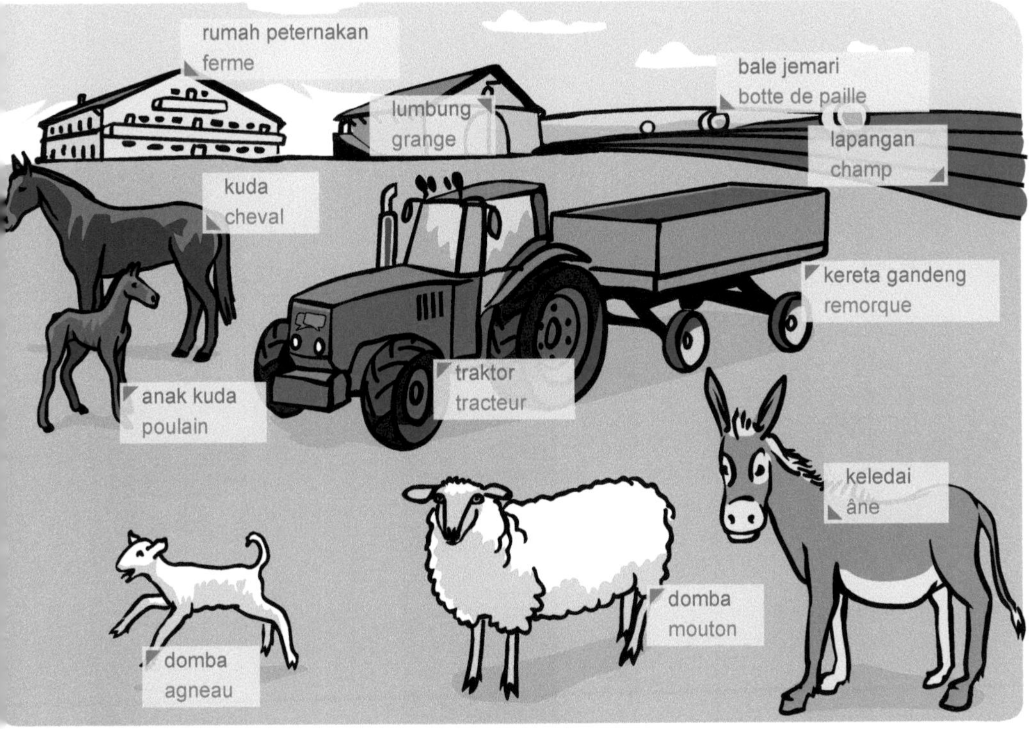
rumah peternakan
ferme
lumbung
grange
bale jemari
botte de paille
lapangan
champ
kuda
cheval
kereta gandeng
remorque
traktor
tracteur
anak kuda
poulain
keledai
âne
domba
mouton
domba
agneau

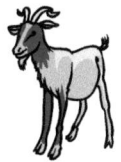

kambing

chèvre

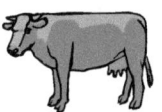

sapi

vache

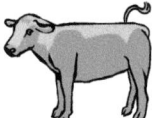

betis

veau

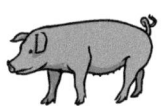

babi

porc

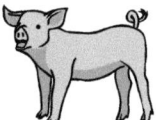

celeng

porcelet

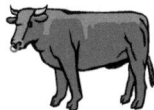

banteng

taureau

angsa

oie

bebek

canard

anak ayam

poussin

ayam

poule

ayam jantan

coq

tikus

rat

kucing

chat

tikus

souris

lembu

bœuf

anjing

chien

rumah anjing

chenil

selang

tuyau de jardin

penyiram

arrosoir

sabit

faucheuse

bajak

charrue

sabit

faucille

cangkul

pioche

garpu rumput

fourche

kapak

hache

gerobak

brouette

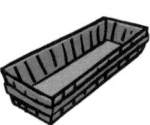

palung

cuve

kaleng susu

pot à lait

karung

sac

pagar

clôture

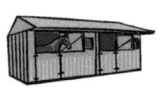

kandang

étable

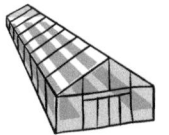

rumah kaca

serre

tanah

sol

benih

semences

pupuk

engrais

mesin pemanen

moissonneuse-batteuse

panen

récolter

panen

récolte

yams

igname

gandum

blé

kedelai

soja

kentang

pomme de terre

jagung

maïs

lobak

colza

pohon buah

arbre fruitier

singkong

manioc

sereal

céréales

rumah
maison

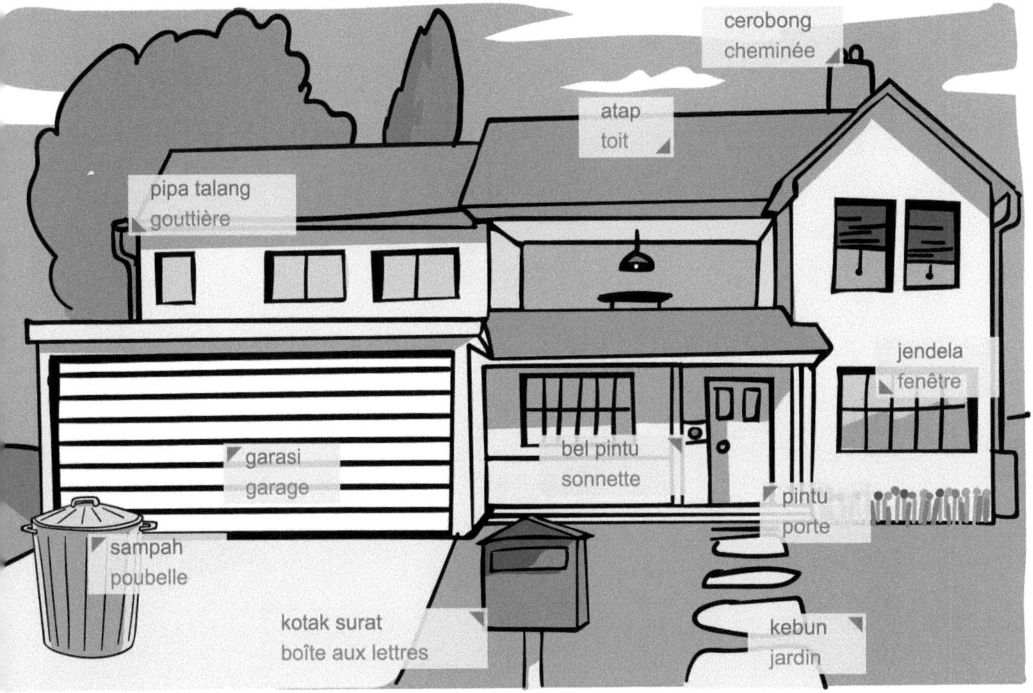
cerobong
cheminée
atap
toit
pipa talang
gouttière
jendela
fenêtre
garasi
garage
bel pintu
sonnette
pintu
porte
sampah
poubelle
kotak surat
boîte aux lettres
kebun
jardin

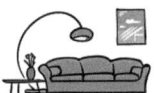

ruang tamu

salon

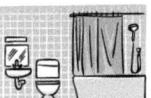

kamar mandi

salle de bain

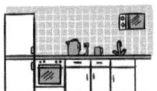

dapur

cuisine

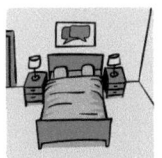

kamar tidur

chambre à coucher

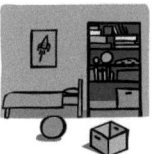

kamar anak

chambre d'enfant

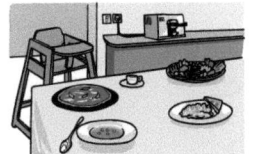

kamar makan

salle à manger

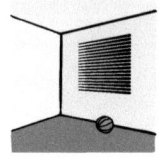

lantai
....
sol

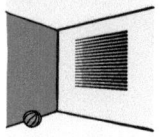

tembok
....
mur

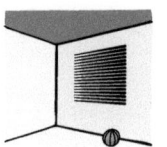

atap
....
plafond

gudang di bawah tanah
....
cave

sauna
....
sauna

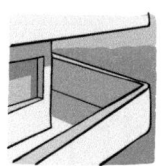

balkon
....
balcon

teras
....
terrasse

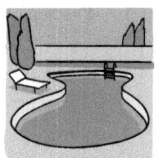

kolam renang
....
piscine

mesin pemotong rumput
....
tondeuse à gazon

sprei
....
housse

selimut
....
couette

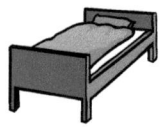

tempat tidur
....
lit

sapu
....
balai

ember
....
sceau

tombol
....
interrupteur

ruang tamu
salon

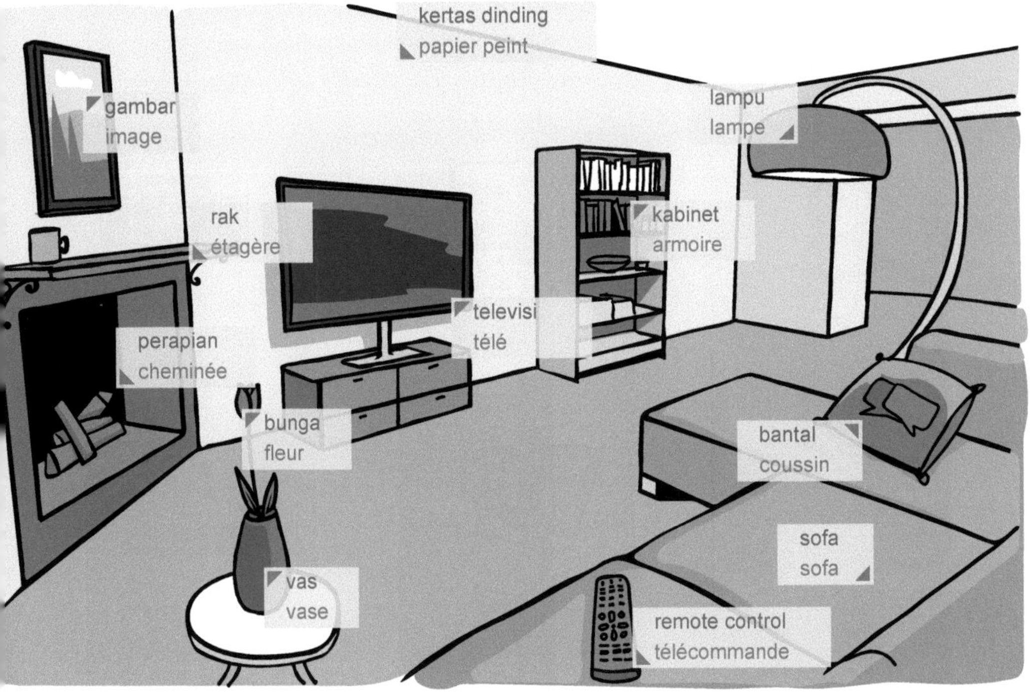
kertas dinding
papier peint
gambar
image
lampu
lampe
rak
étagère
kabinet
armoire
televisi
télé
perapian
cheminée
bunga
fleur
bantal
coussin
sofa
sofa
vas
vase
remote control
télécommande

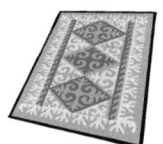

karpet

tapis

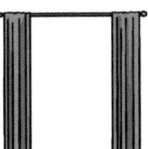

korden

rideau

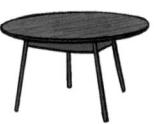

meja

table

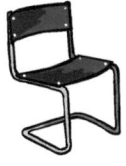

kursi

chaise

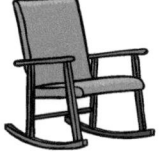

kursi goyang

chaise à bascule

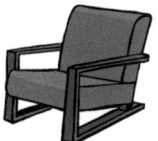

kursi malas

fauteuil

buku

livre

selimut

couverture

dekorasi

décoration

kayu bakar

bois de chauffage

filem

film

hi-fi

chaîne hi-fi

kunci

clé

koran

journal

lukisan

peinture

poster

poster

radio

radio

buku tulis

bloc-notes

penyedot debu

aspirateur

kaktus

cactus

lilin

bougie

dapur
cuisine

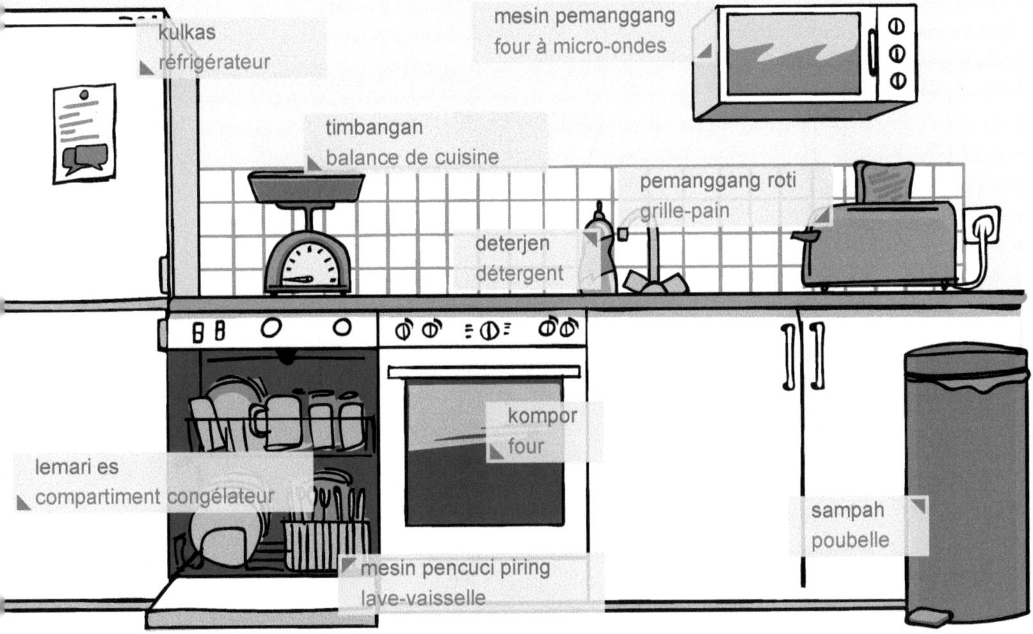

kulkas
réfrigérateur
mesin pemanggang
four à micro-ondes
timbangan
balance de cuisine
pemanggang roti
grille-pain
deterjen
détergent
kompor
four
lemari es
compartiment congélateur
sampah
poubelle
mesin pencuci piring
lave-vaisselle

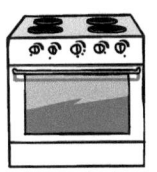

kompor
....
four

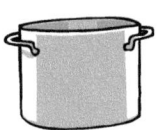

panci
....
casserole

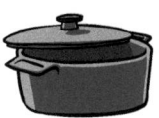

panci besi
....
marmite

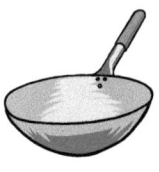

wajan
....
wok / kadai

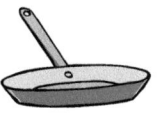

panci
....
poêle

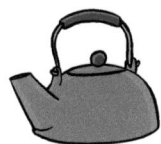

pemanas air
....
bouilloire electrique

panci pengukus makanan

cuiseur vapeur

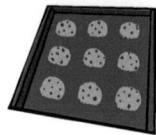

nampan

plaque de cuisson

piring

vaisselle

cangkir

gobelet

mangkok

coupe

sumpit

baguettes

sendok sup

louche

sudip

spatule

mengocok

fouet

saringan

passoire

saringan

tamis

parutan

râpe

mortir

mortier

barbeque

barbecue

api terbuka

cheminée

papan memotong

planche à découper

gilingan

rouleau à pâtisserie

alat pembuka botol

tire-bouchon

kaleng

boîte

pembuka kaleng

ouvre-boîte

pegangan panci

maniques

wastafel

lavabo

sikat

brosse

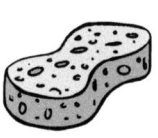

busa

éponge

mesin pencampur

mixeur

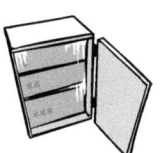

lemari es

congélateur

botol bayi

biberon

keran

robinet

kamar mandi

salle de bain

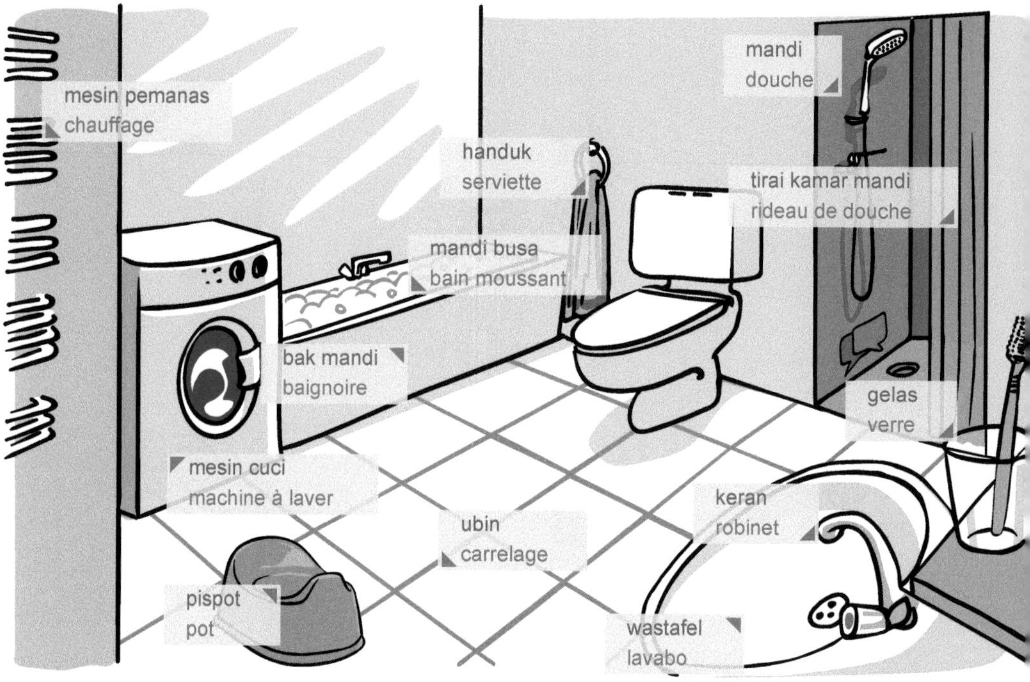

mesin pemanas
chauffage
handuk
serviette
mandi
douche
tirai kamar mandi
rideau de douche
mandi busa
bain moussant
bak mandi
baignoire
gelas
verre
mesin cuci
machine à laver
keran
robinet
ubin
carrelage
pispot
pot
wastafel
lavabo

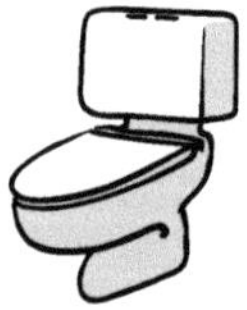

toilet

toilettes

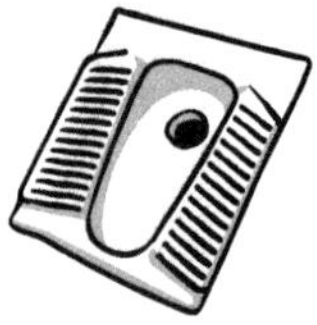

toilet jongkok

toilette à la turque

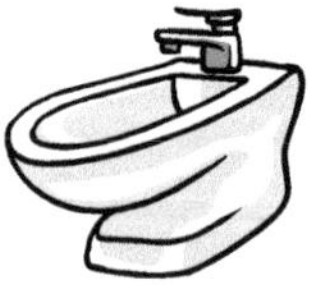

bidet

bidet

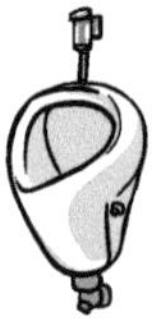

pissoir

urinoir

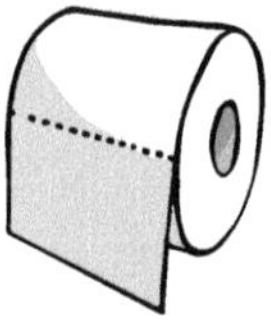

kertas toilet

papier toilette

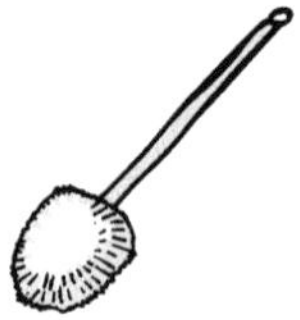

sikat toilet

brosse à toilette

sikat gigi

brosse à dents

pasta gigi

dentifrice

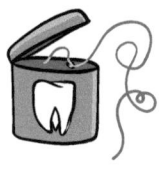

benang gigi

fil dentaire

menyuci

laver

pancuran tangan

douche manuelle

pancuran

douche intime

bak

vasque

sikat punggung

brosse dorsale

sabun

savon

gel mandi

gel douche

sampo

shampooing

planel

gant de toilette

kuras

écoulement

krim

crème

deodoran

déodorant

kaca

miroir

cermin tangan

miroir cosmétique

pisau cukur

rasoir

busa cukur

mousse à raser

aftershave

après-rasage

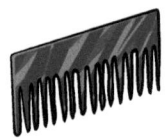

sisir

peigne

sikat

brosse

alat pengering rambut

sèche-cheveux

semprot rambut

laque pour cheveux

makeup

fond de teint

lipstik

rouge à lèvres

cat kuku

vernis à ongles

kapas

ouate

gunting kuku

coupe-ongles

minyak wangi

parfum

kantong pencuci

trousse de toilette

bangku

tabouret

timbangan

pèse-personne

mantel mandi

peignoir

sarung tangan karet

gants de nettoyage

tampon

tampon

handuk pembalut

serviettes hygiéniques

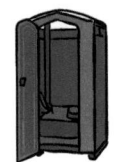

toilet kimia

toilette chimique

kamar anak
chambre d'enfant

jam alarm
réveil
boneka tidur
doudou
mobil-mobilan
voiture jouet
kelintung
hochet
rumah boneka
maison de poupée
kado
cadeau

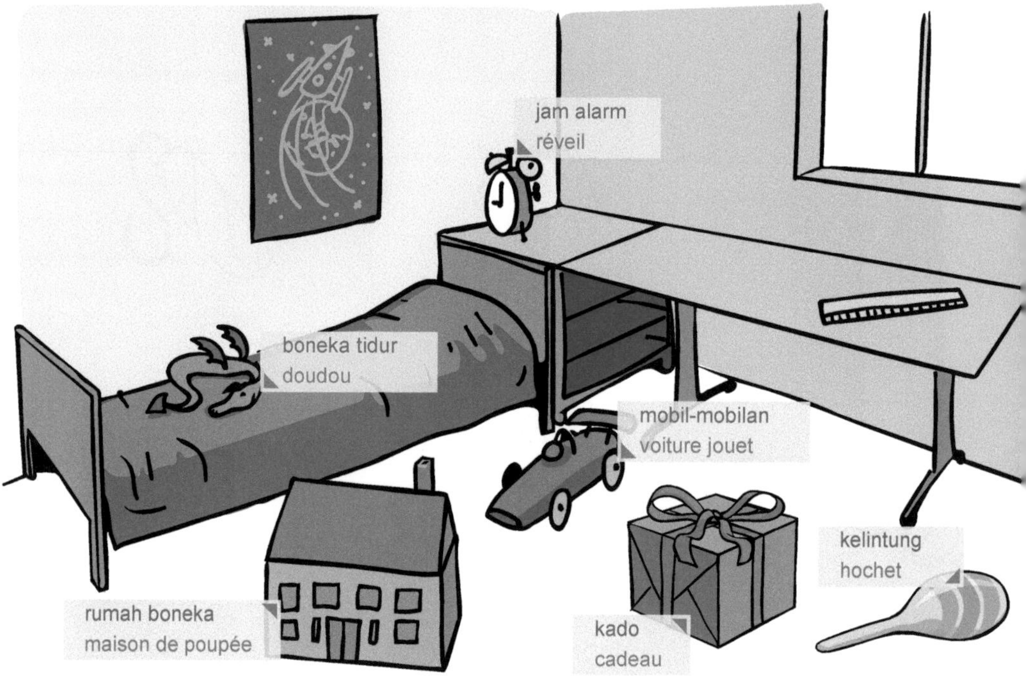

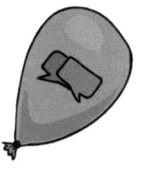

balon
....
ballon

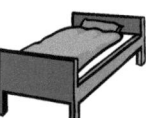

tempat tidur
....
lit

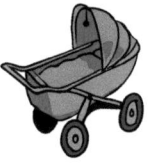

kereta bayi
....
poussette

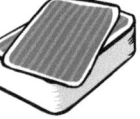

mainan kartu
....
jeu de cartes

teka-teki
....
puzzle

SUPER MEGA

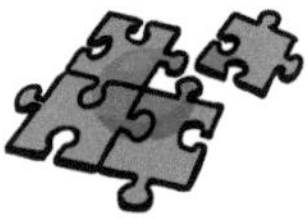

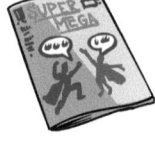

komik
....
bande dessinée

mainan lego

pièces lego

blok mainan

blocs de construction

figur aksi

figurine

baju monyet

grenouillère

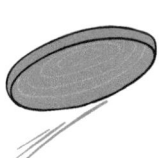

frisbee

frisbee

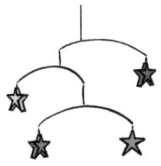

mobile

mobile

permainan papan

jeu de société

dadu

dé

set model kreta api

train miniature

dot

sucette

pesta

fête

buku gambar

livre d'images

bola

balle

boneka

poupée

bermain

jouer

tempat main pasir

bac à sable

ayunan

balançoire

mainan

jouets

video game konsol

console de jeu

sepeda roda tiga

tricycle

teddy

ours en peluche

lemari pakaian

armoire

pakaian
vêtements

kaos kaki

chaussettes

kaos kaki

bas

baju ketat

collant

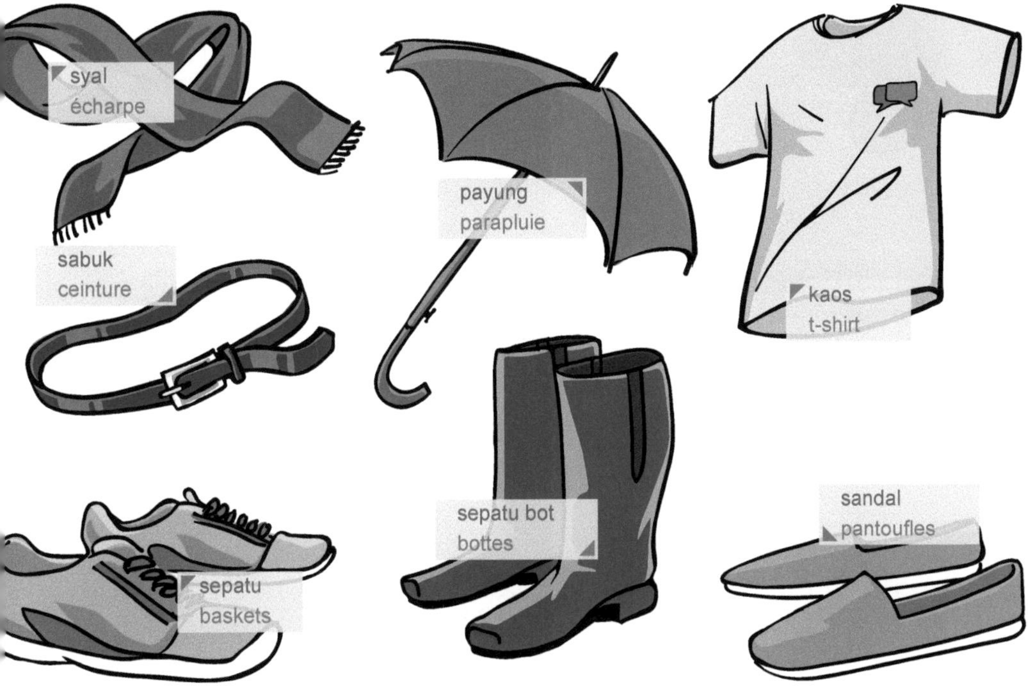

syal
écharpe

payung
parapluie

kaos
t-shirt

sabuk
ceinture

sepatu bot
bottes

sandal
pantoufles

sepatu
baskets

sandal

sandales

sepatu

chaussures

sepatu bot karet

bottes de caoutchouc

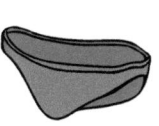

celana dalam

sous-vêtements

BH

soutien-gorge

baju rompi

maillot de corps

body
body

celana
pantalon

jeans
jean

rok
jupe

blus
chemisier

kemeja
chemise

aket berkerudung
pull

sweater
sweat à capuche

jaket
veste

jaket
veste

mantel
manteau

jas hujan
imperméable

kostum
costume

gaun
robe

gaun pengantin
robe de mariée

setelan resmi

costume

gaun tidur

chemise de nuit

piyama

pyjama

sari

sari

jilbab

foulard

turban

turban

burka

burqa

kaftan

caftan

abaya

abaya

pakaian renang

maillot de bain

celana renang

maillot de bain

celana pendek

short

olah raga

tenue d'entraînement

celemek

tablier

sarung tangan

gants

kancing

bouton

kacamata

lunettes

gelang

bracelet

kalung

collier

cincin

bague

anting

boucle d'oreille

topi

bonnet

gantungan mantel

cintre

topi

chapeau

dasi

cravate

ritsleting

fermeture éclair

helm

casque

tali selempang

bretelles

seragam sekolah

uniforme scolaire

seragam

uniforme

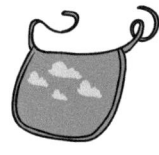

oto

bavoir

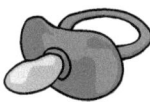

dot

sucette

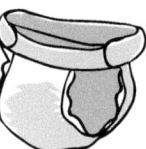

popok

lange

kantor

bureau

server
serveur
lemari arsip
armoire d'archivage
pencetak
imprimante
kertas
papier
layar
écran
mouse komputer
souris
meja kerja
bureau
tempat pengarsipan
classeur
papan tombol
clavier
kursi
chaise
tempat sampah
corbeille à papier
computer
ordinateur

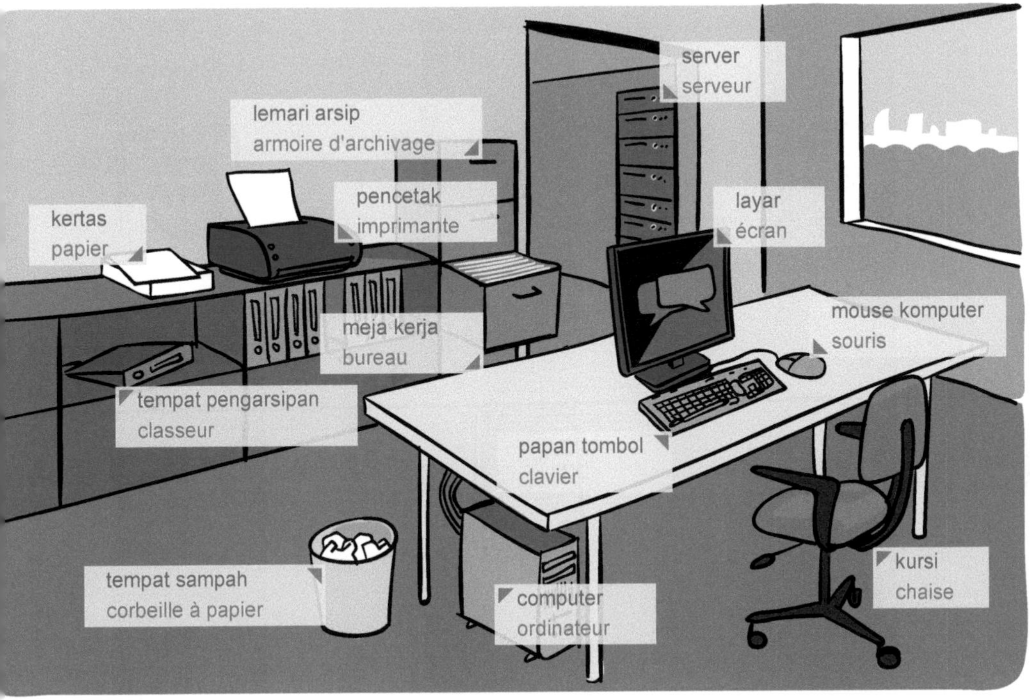

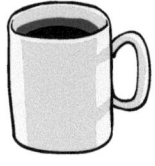

cangkir kopi

tasse de café

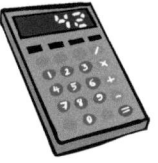

kalkulator

calculatrice

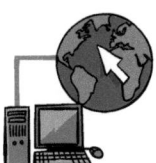

internet

internet

laptop

ordinateur portable

surat

lettre

pesan

message

telepon seluler

portable

jaringan

réseau

fotokopi

photocopieuse

software

logiciel

telepon

téléphone

plug soket

prise

mesin fax

fax

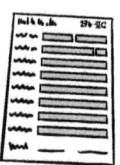

formulir

formulaire

dokumen

document

membeli

acheter

membayar

payer

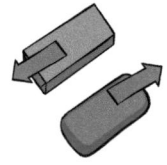

berdagang

faire du commerce

uang

monnaie

USD

Dollar

dollar

EUR

Euro

euro

JPY

Yen

yen

RUB

Rubel

rouble

CHF

Franc Swiss

franc suisse

CNY

Renminbi Yuan

renminbi yuan

INR

Rupiah

roupie

ATM

distributeur automatique

kantor pertukaran mata uang

bureau de change

emas

or

perak

argent

minyak

pétrole

energi

énergie

harga

prix

kontrak

contrat

pajak

taxe

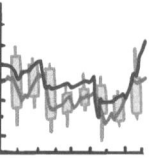

saham

action

bekerja

travailler

karyawan

employé

majikan

employeur

pabrik

usine

toko

magasin

ekonomi - économie

pekerjaan
professions

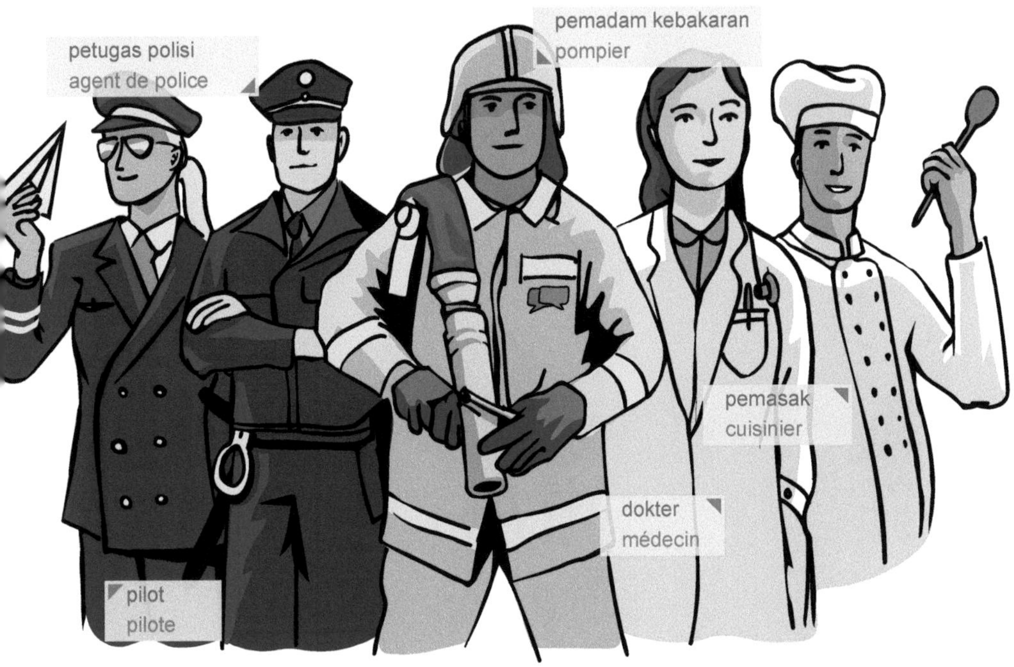
petugas polisi
agent de police
pemadam kebakaran
pompier
pemasak
cuisinier
dokter
médecin
pilot
pilote

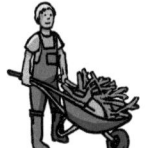

tukan kebun

jardinier

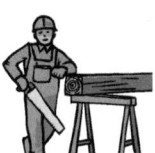

tukang kayu

menuisier

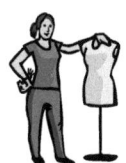

penjahit wanita

couturière

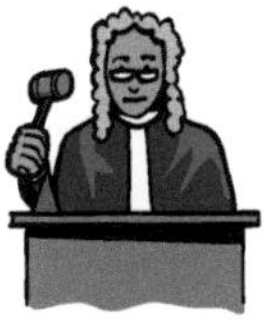

hakim

juge

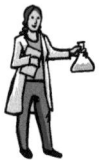

ahli kimia

chimiste

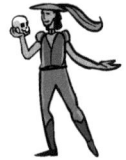

aktor

acteur

sopir bis

conducteur de bus

sopir taksi

chauffeur de taxi

nelayan

pêcheur

pembantu

femme de ménage

tukang atap

couvreur

pelayan

serveur

pemburu

chasseur

pelukis

peintre

tukang roti

boulanger

tukang listrik

électricien

pembangun

ouvrier

insinyur

ingénieur

tukang daging

boucher

tukang ledeng

plombier

tukang pos

facteur

tentara

soldat

arsitek

architecte

kasir

caissier

penjual bunga

fleuriste

penata rambut

coiffeur

konduktor

contrôleur

montir

mécanicien

kapten

capitaine

dokter gigi

dentiste

ilmuwan

scientifique

rabbi

rabbin

imam

imam

biarawan

moine

pendeta

prêtre

alat
outils

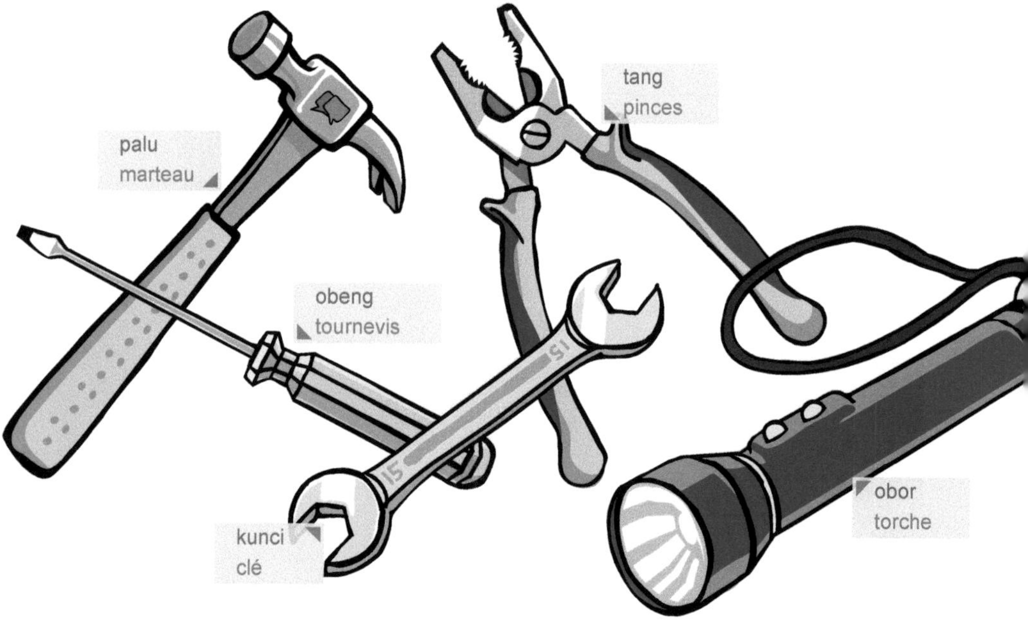

palu
marteau
tang
pinces
obeng
tournevis
kunci
clé
obor
torche

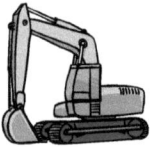

penggali

pelleteuse

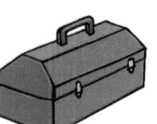

tas perkakas

boîte à outils

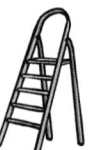

tangga

échelle

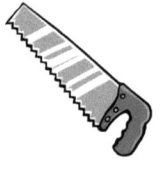

gergaji

scie

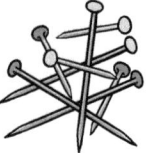

paku

clous

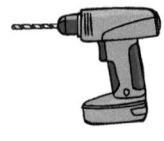

bor

perceuse

perbaikan

réparer

sekop

pelle

Sialan!

Mince !

cikrak

pelle

pot cat

pot de peinture

sekrup

vis

alat musik

instruments de musique

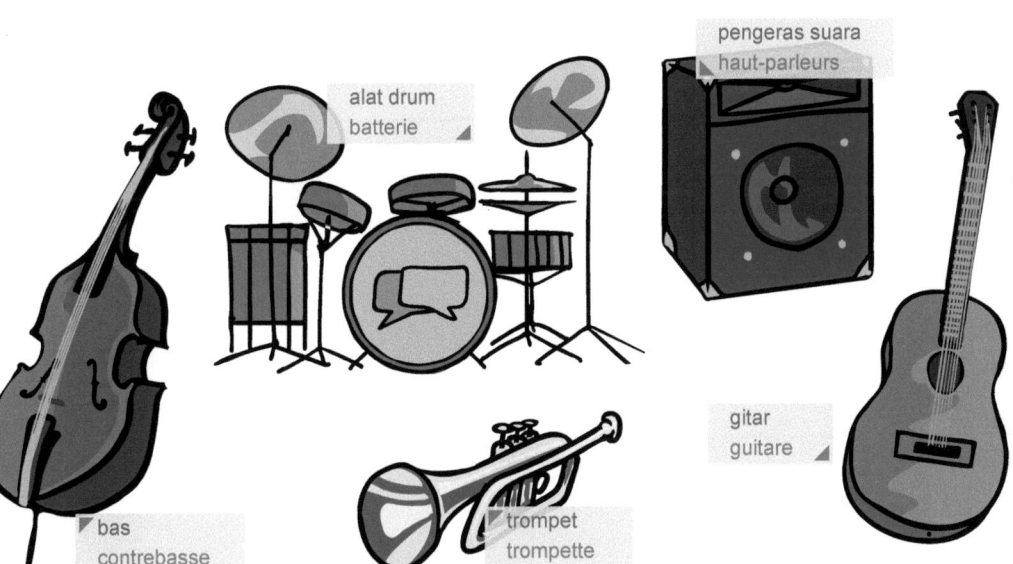

pengeras suara
haut-parleurs

alat drum
batterie

gitar
guitare

bas
contrebasse

trompet
trompette

piano

piano

violin

violon

bass

basse

tambur

timbales

drum

tambour

keyboard

piano électrique

saksofon

saxophone

suling

flûte

mikrofon

microphone

kebun binatang

zoo

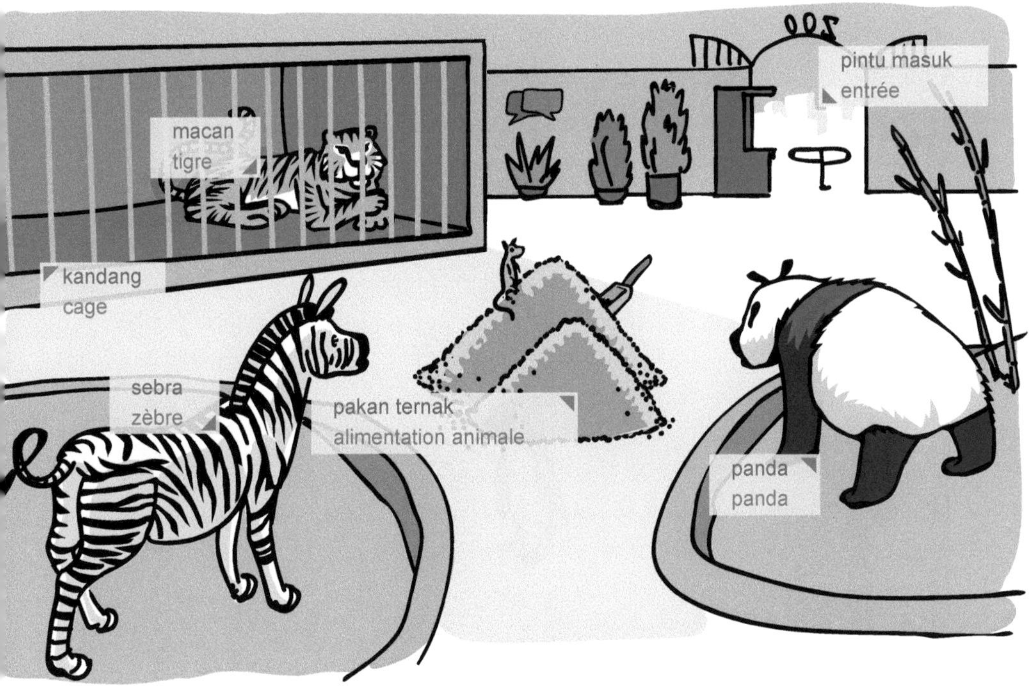

macan
tigre
pintu masuk
entrée
kandang
cage
sebra
zèbre
pakan ternak
alimentation animale
panda
panda

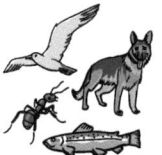

hewan

animaux

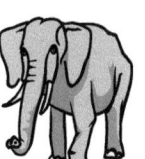

gajah

éléphant

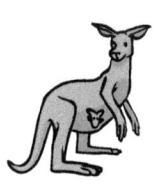

kanguru

kangourou

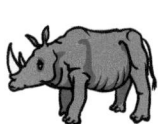

badak

rhinocéros

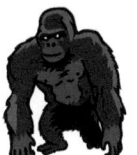

gorila

gorille

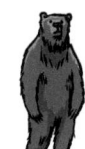

beruang

ours

unta
chameau

burung unta
autruche

singa
lion

monyet
singe

flamingo
flamand rose

burung beo
perroquet

beruang polar
ours polaire

penguin
pingouin

hiu
requin

merak
paon

ular
serpent

buaya
crocodile

penjaga kebun binatang
gardien de zoo

segel
phoque

jaguar
jaguar

kuda poni

poney

macan tutul

léopard

kuda nil

hippopotame

jerapah

girafe

burung elang

aigle

babi jantan

sanglier

ikan

poisson

kura-kura

tortue

anjing laut

morse

rubah

renard

kijang

gazelle

american football
american Football

naik sepeda
cyclisme

tennis
tennis

basketbal
basket-ball

bernang
natation

tinju
boxe

hoki es
hockey sur glace

sepak bola
football

badminton
badminton

atletik
athlétisme

bola tangan
handball

main ski
ski

polo
polo

aktivitas
activités

ketawa
rire
meloncat
sauter
memeluk
embrasser
berjalan
marcher
menyanyi
chanter
mengimpi
rêver
berdoa
prier
mencium
faire la bise

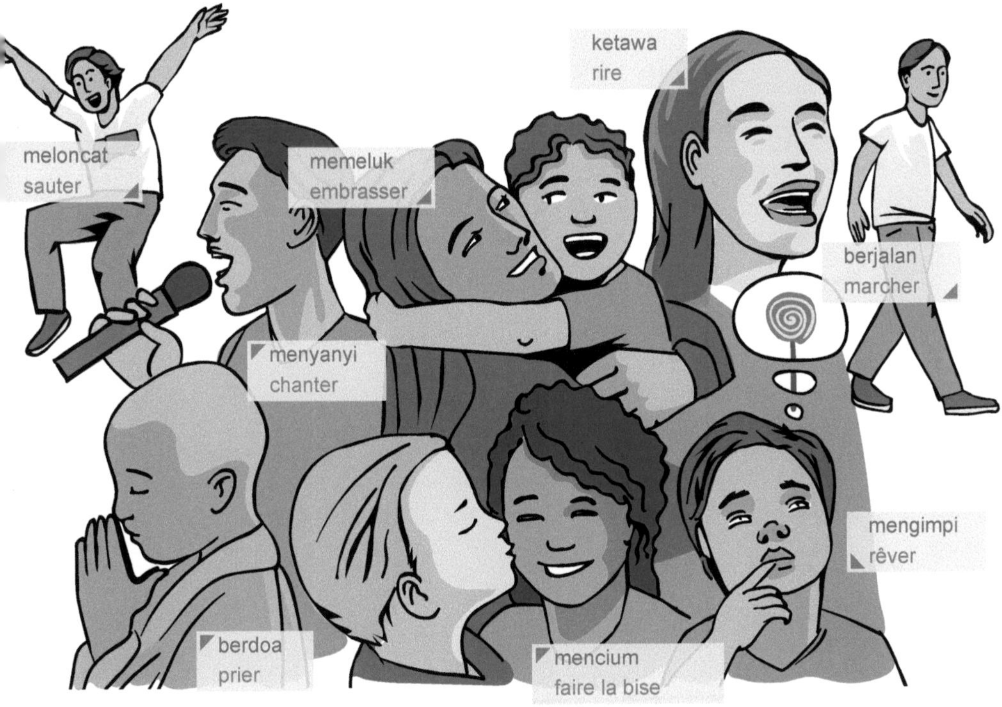

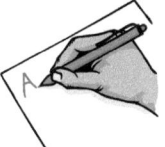

menulis

écrire

melukis

dessiner

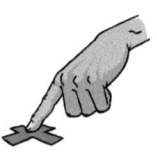

menunjuk

montrer

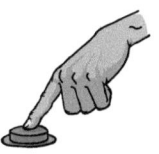

mendorong

pousser

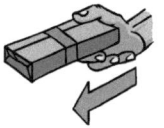

memberikan

donner

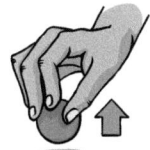

mengambil

prendre

mempunyai
avoir

melakukan
faire

adalah
être

berdiri
être debout

berlari
courir

menarik
trier

melempar
jeter

jatuh
tomber

tidur
être couché

menunggu
attendre

membawa
porter

duduk
être assis

berpakaian
s'habiller

tidur
dormir

bangun
se réveiller

aktivitas - activités

melihat

regarder

menangis

pleurer

mengelus

caresser

menyisir

peigner

berbicara

parler

mengerti

comprendre

menanyak

demander

mendengar

écouter

minum

boire

makan

manger

merapikan

ranger

cinta

aimer

memasak

cuire

menyetir

conduire

terbang

voler

aktivitas - activités

berlayar

faire de la voile

menghitung

calculer

membaca

lire

belajar

apprendre

bekerja

travailler

menikah

se marier

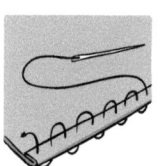

menjahit

coudre

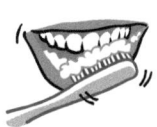

sikat gigi

brosser les dents

membunuh

tuer

merokok

fumer

kirim

envoyer

aktivitas - activités

nenek
grand-mère

kakek
grand-père

bapak
père

ibu
mère

bayi
bébé

putri
fille

putra
fils

tamu

hôte

bibi

tante

paman

oncle

kakak laki

frère

kakak perempuan

sœur

badan

corps

dahi
front
mata
œil
bahu
épaule
jari
doigt
muka
visage
dagu
menton
tangan
main
kaki
jambe
payudara
poitrine
lengan
bras

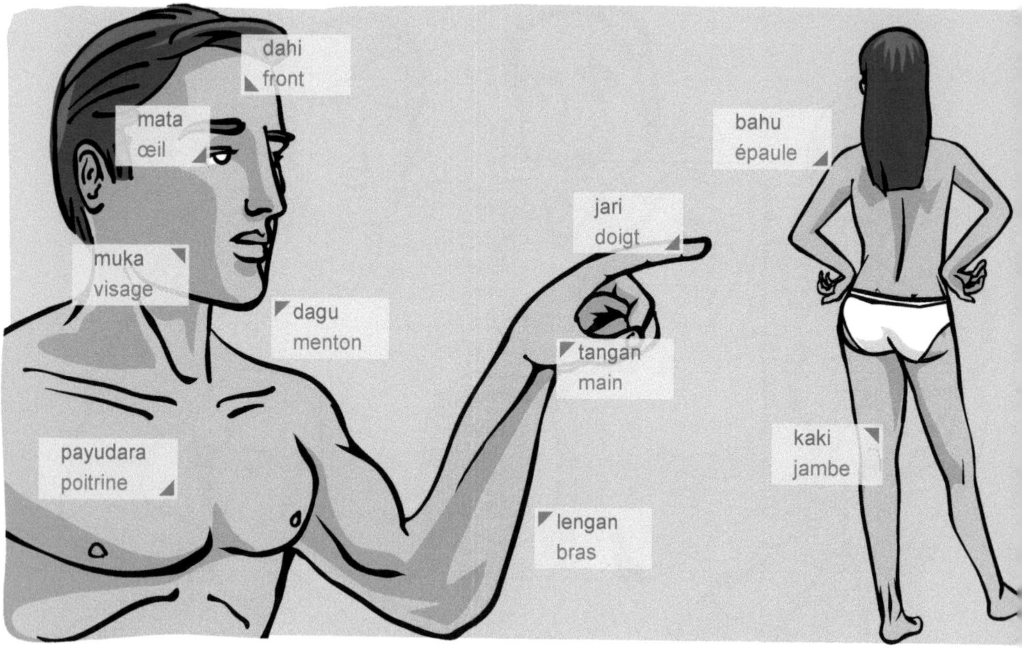

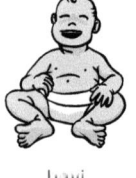

bayi
bébé

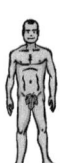

pria
homme

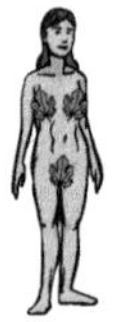

wanita
femme

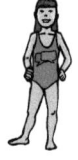

perempuan
fille

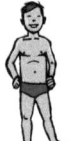

laki
garçon

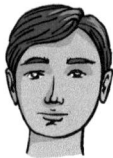

kepala
tête

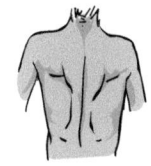

punggung

dos

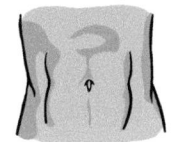

perut

ventre

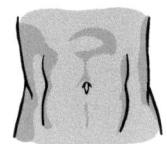

pusar

nombril

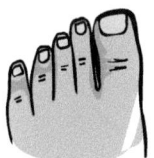

toe

orteil

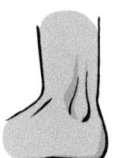

tumit

talon

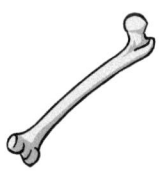

tulang

os

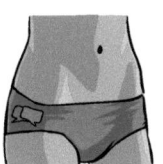

pinggang

hanche

lutut

genou

siku

coude

hidung

nez

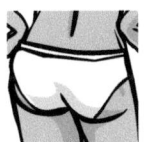

pantat

fesses

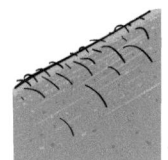

kulit

peau

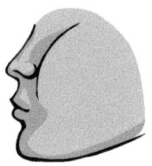

pipi

joue

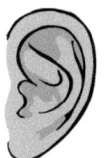

telinga

oreille

bibir

lèvre

mulut

bouche

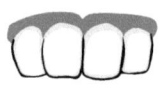

gigi

dent

lidah

langue

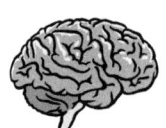

otak

cerveau

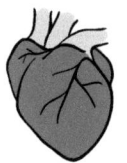

jantung

cœur

otot

muscle

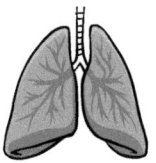

paru-paru

poumons

hati

foie

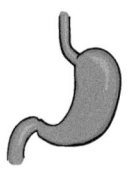

stomach

estomac

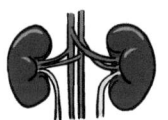

ginjal

reins

hubungan seks

rapport sexuel

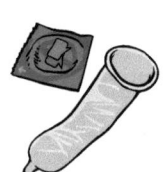

kondom

préservatif

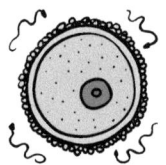

sel telur

ovule

sperma

sperme

kehamilan

grossesse

badan - corps

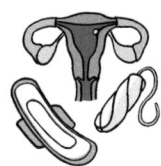

menstruasi
menstruation

vagina
vagin

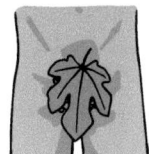

penis
pénis

alis
sourcil

rambut
cheveux

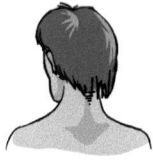

leher
cou

rumah sakit
hôpital

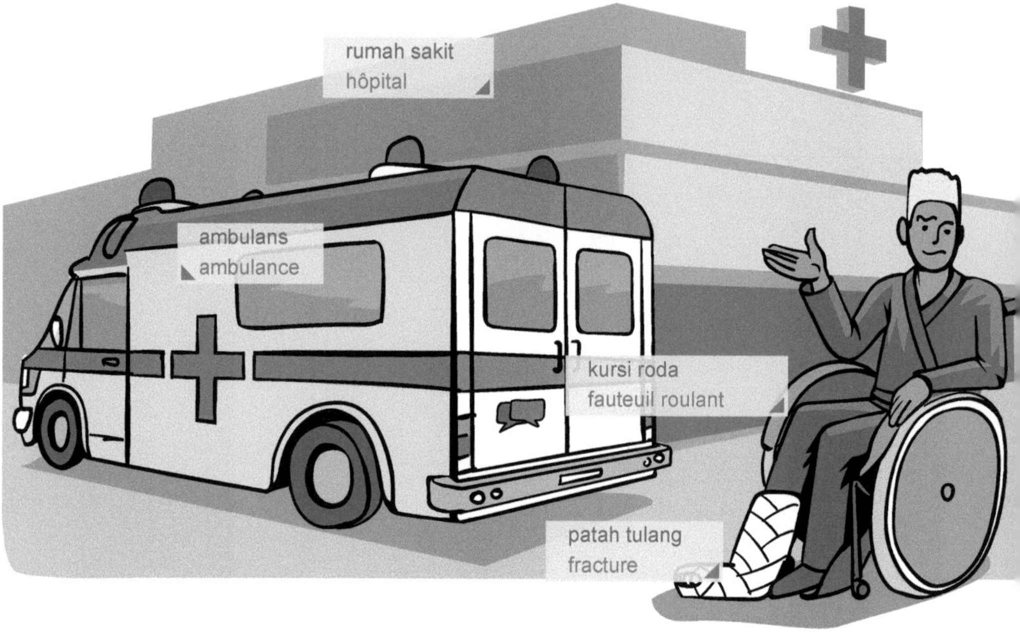

rumah sakit
hôpital
ambulans
ambulance
kursi roda
fauteuil roulant
patah tulang
fracture

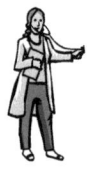

doktor

médecin

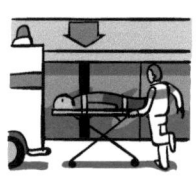

ruang darurat

service des urgences

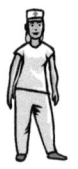

perawat

infirmière

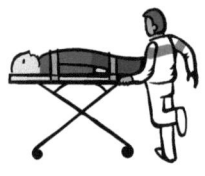

darurat

urgence

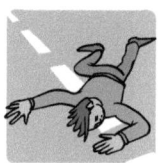

semaput

inconscient

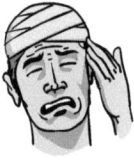

sakit

douleur

cedera

blessure

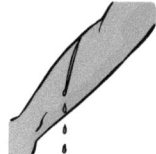

perdarahan

hémorragie

serangan jantung

crise cardiaque

stroke

attaque cérébrale

alergi

allergie

batuk

toux

demam

fièvre

flu

grippe

diare

diarrhée

sakit kepala

mal de tête

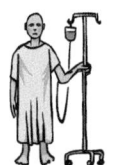

kanker

cancer

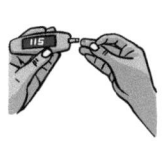

diabetes

diabète

ahli bedah

chirurgien

pisau bedah

scalpel

operasi

opération

CT

CT

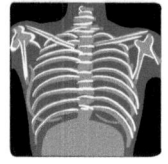

sinar x

radiographie

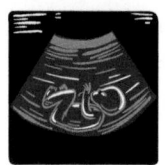

usg

échographie

topeng

masque

penyakit

maladie

ruang tunggu

salle d'attente

penyokong

béquille

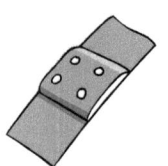

plester

pansement

perban

pansement

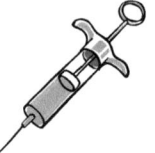

injeksi

injection

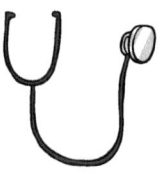

stetoskop

stéthoscope

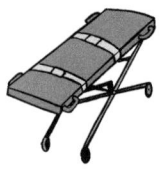

usungan

brancard

termometer klinis

thermomètre

kelahiran

accouchement

kelebihan berat badan

surcharge pondérale

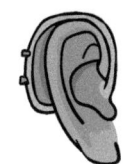

alat pendengar

appareil auditif

desinfektan

désinfectant

infeksi

infection

virus

virus

HIV / AIDS

VIH / sida

obat

médicament

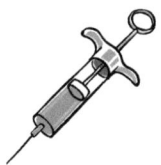

vaksinasi

vaccination

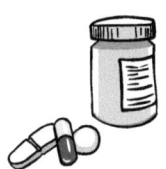

tablet

comprimés

pil

pilule

panggilan darurat

appel d'urgence

ukur tekanan darah

tensiomètre

sakit / sehat

malade / sain

Tolong!
Au secours !

alarm
alarme

penyerbuan
assaut

serangan
attaque

bahaya
danger

pintu darurat
sortie de secours

Api!
Au feu!

alat pemadam kebakaran
extincteur

kecelakaan
accident

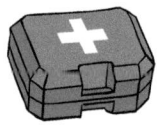

kit pertolongan pertama
trousse de premier secours

SOS
SOS

polisi
police

bumi
terre

Eropa

Europe

Amerika Utara

Amérique du Nord

Amerika Selatan

Amérique du Sud

Afrika

Afrique

Asia

Asie

Australi

Australie

Atlantik

Océan atlantique

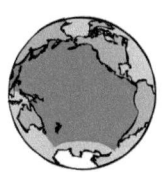

Pasifik

Océan pacifique

Samudra India

Océan indien

Samudra Antartika

Océan antarctique

Samudra Arktik

Océan arctique

kutub utara

pôle nord

kutub selatan

pôle sud

Antarktika

Antarctique

bumi

terre

tanah

pays

laut

mer

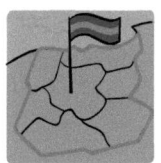

pulau

île

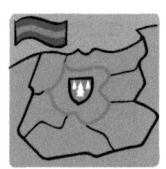

bangsa

nation

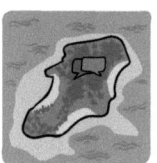

negara

état

jam wajah

cadran

jarum pendek

aiguille des heures

jarum menit

aiguille des minutes

jarum detik

aiguille des secondes

Jam berapa?

Quelle heure est-il ?

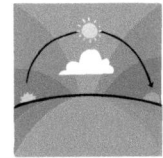

hari

jour

waktu

temps

sekarang

maintenant

jam digital

montre digitale

menit

minute

jam

heure

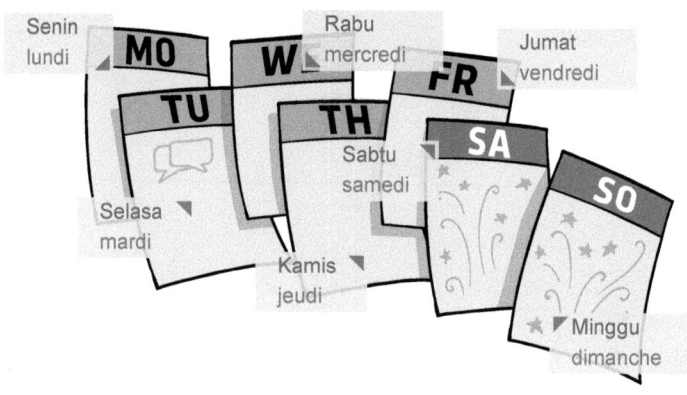

Senin
lundi

Rabu
mercredi

Jumat
vendredi

Selasa
mardi

Sabtu
samedi

Kamis
jeudi

Minggu
dimanche

kemaren

hier

hari ini

aujourd'hui

besok

demain

pagi

matin

siang

midi

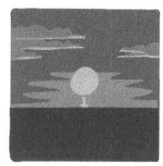

malam

soir

MO	TU	WE	TH	FR	SA	SU
1	2	3	4	5	6	7
8	9	10	11	12	13	14
15	16	17	18	19	20	21
22	23	24	25	26	27	28
29	30	31	1	2	3	4

hari kerja

jours ouvrables

MO	TU	WE	TH	FR	SA	SU
1	2	3	4	5	6	7
8	9	10	11	12	13	14
15	16	17	18	19	20	21
22	23	24	25	26	27	28
29	30	31	1	2	3	4

akhir minggu

week-end

tahun
année

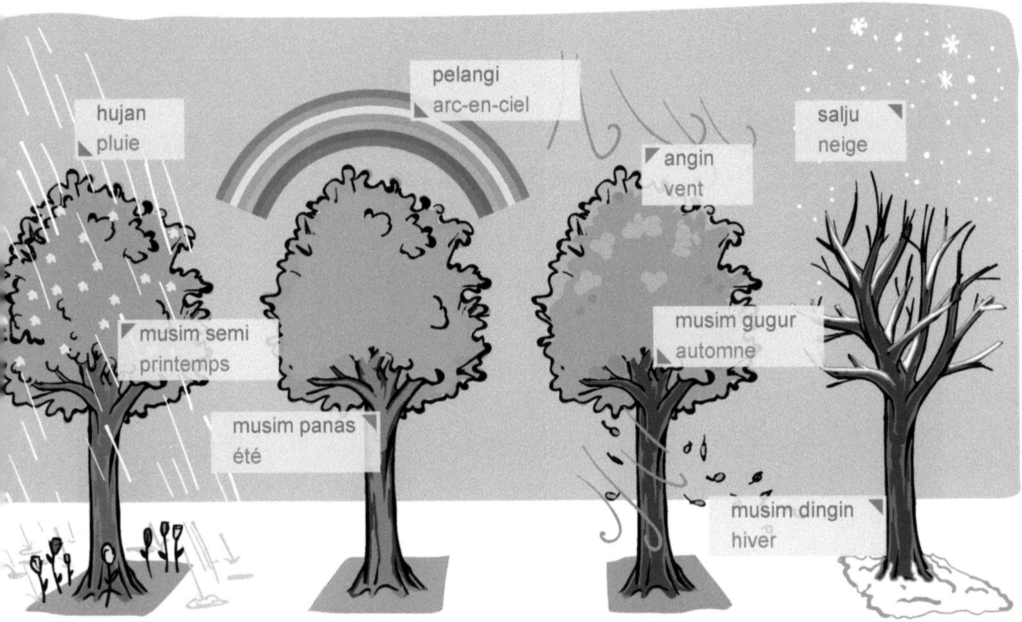

hujan
pluie
pelangi
arc-en-ciel
salju
neige
angin
vent
musim semi
printemps
musim gugur
automne
musim panas
été
musim dingin
hiver

4.APRIL 11°
5.APRIL 4°
6.APRIL 13°
7.APRIL 8°
8.APRIL 10°

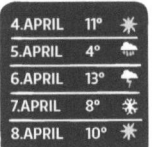

ramalan cuaca

météo

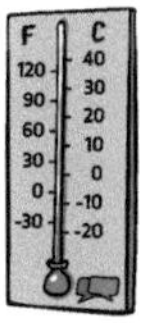

F C
120 40
90 30
60 20
30 10
0 0
-30 -10
-20

termometer

thermomètre

matahari

lumière du soleil

awan

nuage

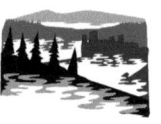

kabut

brouillard

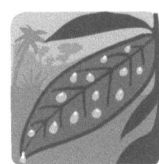

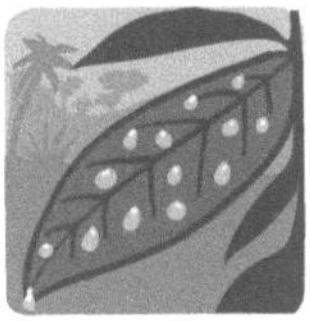

kelembahan

humidité

kilat

foudre

guntur

tonnerre

badai

tempête

hujan es

grêle

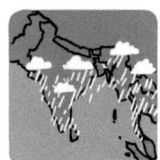

monsun

mousson

banjir

inondation

es

glace

Januari

janvier

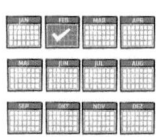

Februari

février

Maret

mars

April

avril

Mei

mai

Juni

juin

Juli

juillet

Agustus

août

tahun - année

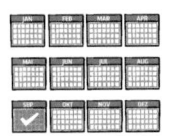

September
....
septembre

Oktober
....
octobre

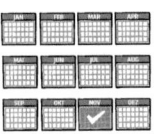

November
....
novembre

Desember
....
décembre

bentuk
formes

lingkaran
....
cercle

persegi
....
carré

persegi panjang
....
rectangle

segi tiga
....
triangle

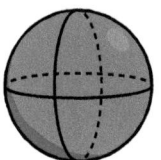

bola
....
sphère

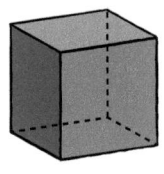

kubus
....
cube

putih

blanc

kuning

jaune

oranye

orange

pink

rose

merah

rouge

ungu

violet

biru

bleu

hijau

vert

coklat

marron

abu-abu

gris

hitam

noir

banyak / sedikit

beaucoup / peu

marah / tenang

fâché / calme

cantik / jelek

joli / laid

mulaih / selesai

début / fin

besar / kecil

grand / petit

terang / gelap

clair / obscure

saudara laki-laki / saudara perempuan

frère / soeur

bersih / kotor

propre / sale

lengkap / tidak lengkap

complet / incomplet

hari / malam

jour / nuit

mati / hidup

mort / vivant

luas / sempit

large / étroit

dapat dimakan / tidak dapat dimakan

comestible / incomestible

jahat / baik

méchant / gentil

bersemangat / bosan

excité / ennuyé

gemuk / kurus

gros / mince

pertama / terakhir

premier / dernier

teman / musuh

ami / ennemi

penuh / kosong

plein / vide

keras / lembut

dur / souple

berat / enteng

lourd / léger

lapar / haus

faim / soif

sakit / sehat

malade / sain

ilegal / legal

illégal / légal

cerdas / bodoh

intelligent / stupide

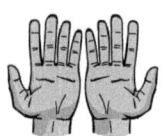

kiri / kanan

gauche / droite

dekat / jauh

proche / loin

baru / bekas

nouveau / usé

tidak ada apapun / sesuatu

rien / quelque chose

tua / muda

vieux / jeune

nyala / mati

marche / arrêt

buka / tutup

ouvert / fermé

tenang / keras

faible / fort

kaya / miskin

riche / pauvre

benar / salah

correct / incorrect

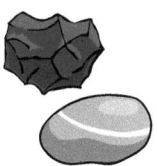

kasar / halus

rugueux / lisse

sedih / gembira

triste / heureux

pendek / panjang

court / long

pelan-pelan / cepat

lent / rapide

basah / kering

mouillé / sec

hangat / sejuk

chaud / froid

perang / damai

guerre / paix

0	**1**	**2**
nol	satu	dua
zéro	un / une	deux

3	**4**	**5**
tiga	empat	lima
trois	quatre	cinq

6	**7**	**8**
enam	tujuh	delapan
six	sept	huit

9	**10**	**11**
sembilan	sepuluh	sebelas
neuf	dix	onze

12
duabelas
douze

13
tigabelas
treize

14
empatbelas
quatorze

15
limabelas
quinze

16
enambelas
seize

17
tujuhbelas
dix-sept

18
delapanbelas
dix-huit

19
sembilanbelas
dix-neuf

20
duapuluh
vingt

100
seratus
cent

1.000
seribu
mille

1.000.000
juta
million

bahasa-bahasa
langues

Inggris

anglais

bahasa Inggris Amerika

anglais américain

bahasa Cina Mandarin

chinois mandarin

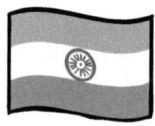

bahasa Hindi

hindi

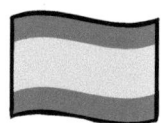

bahasa Spanyol

espagnol

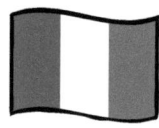

bahasa Perancis

français

bahasa Arab

arabe

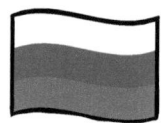

bahasa Rusia

russe

bahasa Portugis

portugais

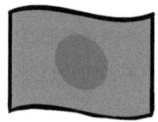

bahasa Bengal

bengali

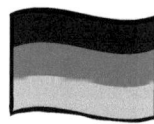

bahasa Jerman

allemand

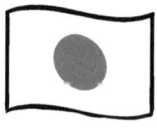

bahasa Jepang

japonais

90   bahasa-bahasa - langues

saya

je

kamu

tu

dia

il / elle / ce, c', cela

kita

nous

kalian

vous

mereka

ils / elles

siapa?

Qui ?

apa?

Quoi ?

begaimana?

Comment ?

dimana?

Où ?

kapan?

Quand ?

nama

nom

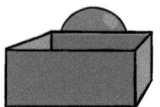

dibelakang

derrière

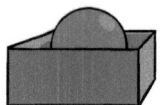

di

dans

didepan

devant

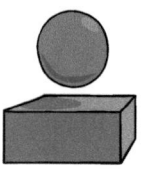

diatas

au-dessus

diatas

sur

dibawah

en-dessous

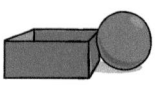

sebelah

à côté de

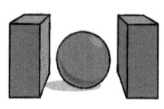

di antara

entre

tempat

lieu